Vente des Vendredi 2 et Samedi 3 Avril 1880

HOTEL DROUOT, SALLE N°

BELLE COLLECTION

D'ANCIENNES PORCELAINES

DE LA CHINE, DE SÈVRES, DE SAXE, ETC.

FAIENCES

OBJETS D'ART, MINIATURES, CURIOSITÉS

MEUBLES

EXPOSITION PUBLIQUE

Le Jeudi 1er Avril 1880, de une heure à cinq heures

Me MAURICE DELESTRE
COMMISSAIRE-PRISEUR
Rue Drouot, 27

M. CHARLES GEORGE
EXPERT
Rue Laffitte, 12

PARIS — 1880

Vᵛᵉ RENOU, MAU
IMPRIMEURS DE LA COMPAGNIE D
Rue de Rive

CATALOGUE

D'une belle Collection

D'ANCIENNES PORCELAINES

DE LA CHINE

DE SÈVRES, DE CHANTILLY, DE MENNECY ET DE SAXE

FAIENCES DIVERSES, DELFT POLYCHROME ET DORÉ

MEUBLES

Cabinet Louis XIII, beau Meuble de style Louis XIV, Encoignures Louis XVI, etc.

BUSTE EN MARBRE DU XVIe SIÈCLE

Miniatures, Objets de vitrine, Curiosités diverses

DONT LA VENTE AURA LIEU

HOTEL DROUOT, SALLE N° 8

Les Vendredi 2 et Samedi 3 Avril 1880

A DEUX HEURES

Par le ministère de **Me Maurice DELESTRE**, Commissaire-Priseur, rue Drouot, 27,

Assisté de **M. Charles GEORGE**, Expert, rue Laffitte, 12.

EXPOSITION PUBLIQUE

Le Jeudi 1er Avril 1880, de une heure à cinq heures

PARIS — 1880

CONDITIONS DE LA VENTE

Elle sera faite au comptant.

Les Acquéreurs paieront CINQ POUR CENT, en sus du prix de l'adjudication.

L'Exposition mettant le Public à même de se rendre compte de l'état des Objets, aucune réclamation ne sera admise une fois l'adjudication prononcée.

DÉSIGNATION

ANCIENNES PORCELAINES DE LA CHINE DU JAPON ET DE L'INDE

1 — Deux belles Bouteilles, de forme élégante, en ancienne porcelaine de la Chine, présentant chacune quatre compartiments en forme de feuilles décorés de vases, brûle-parfums et bouquets en émaux verts sur fond blanc, et réservés sur un fond bleu-lapis à rehauts d'or. Ancienne qualité.

2 — Deux belles Cassolettes : Vases surmontés de magots et reposant sur des gazelles couchées en vieux Chine, de belle qualité. — Monture ancienne en bronze doré.

3 — Deux Statuettes. Homme et Femme debout en ancienne porcelaine de la Chine; décorées en émaux de couleurs variées.

4 — Groupe de deux personnages debout en vieux Chine, émaux de couleur, belle qualité.

5 — Quatre Figurines chinoises en porcelaine émaillée de la Chine.

6 — Paire de belles Potiches à couvercles en ancienne porcelaine de la Chine; décorées de coqs, de fleurs variées et de branchages sur la panse, et d'une jolie bordure autour du col en émaux de nuances variées, rehaussés d'or.

7 — Beau Cornet en ancienne porcelaine de la Chine à personnages, vases et fleurs faisant saillie sur le fond; décor bleu à rosaces, palmettes, ustensiles divers, feuillages. Monture en bronze.

8 — Paire de Potiches, en forme de balustre aplati, décorées de compartiments à paysages en bleu, rouge et or, se détachant en saillie d'un fond vert semé de pois en relief.

9 — Trois petites Potiches à couvercles en vieux Chine, décorées d'oiseaux et de fleurs en émaux roses et verts, dans des compartiments réservés sur fond gros bleu, relevé d'ornements dorés.

10 — Deux petits Cornets à anneaux renflés en vieux Chine; vases et fleurs en émaux verts dans des compartiments en réserve sur fond bleu.

11 — Vase cylindrique en vieux Chine; décor bleu à personnages.

12 — Vase, forme balustre à six pans, en vieux Chine, à vases de fleurs et animaux chimériques en émaux de la famille verte.

13 — Garniture de cinq pièces : trois Potiches à couvercles et deux Cornets; décorés de fleurs, oiseaux et arbustes en bleu, rouge et or, et en émaux roses, blancs et verts.

14 — Deux Vases, forme bouteilles, en vieux Chine; décor bleu à compartiment de feuillages, anses à trompes d'éléphant et anneaux mobiles.

15 — Beau Plat rond en émaux de la famille verte, dames sur une terrasse.

16 — Beau Plat rond en émaux de la famille verte, personnage présentant une cassette à deux dames assises.

17 — Plat rond en vieux Chine; décoré de fleurs en émaux roses, et d'une large bordure d'ornements et fleurs sur le marli.

18 — Plat creux et rond en vieux Chine de la famille verte, rosace au centre entourée de cinq motifs d'ornements en forme de feuille, large bordure de fleurs et arabesques.

19 — Plat rond en vieux Chine, à bord dentelé; décor à fleurs et jolie bordure en émaux roses.

20 — Grand Plat rond en vieux Japon, bleu, rouge et or; décoré au centre d'un médaillon d'arbustes entouré de quatre compartiments à paysages en réserve sur fond bleu.

21 — Grand Plat rond; décor bleu, rouge et or, à kiosques et paysages.

22 — Plat ovale à contours en porcelaine de l'Inde, à fleurs, bordure de quadrillés roses et verts.

23 — Un Bol à personnages, en même porcelaine.

24 — Un Compotier, même porcelaine.

25 — Deux Compotiers à oiseaux et branchages en émaux de la famille verte.

26 — Un autre à décor rayonnant bleu, rouge et or.

27 — Autre à fleurs, bleu, rouge et or.

28 — Porte-Montre en porcelaine de l'Inde ajourée et décorée,

29 — Garniture : trois Potiches et deux Cornets à fleurs et oiseaux en bleu, rouge et or.

30 — Trois Potiches de décor analogue.

31 — Une petite Potiche et un Cornet à côtes en vieux Chine, à fleurs en émaux roses et verts.

32 — Garniture de cinq pièces : trois Potiches et deux Cornets en vieux Chine ; décor à arbustes et papillons en rouge, or, et émaux verts.

33 — Garniture de cinq petits Vases : trois Potiches à couvercles et deux Cornets en vieux Chine, compartiments à fleurs en émaux roses et verts, réservés sur fond capucin.

34 — Deux Flacons droits, à huit pans inégaux en vieux Japon; décor bleu, rouge et or.

35 — Fontaine à thé en vieux Japon, de forme conique, sur trois pieds droits, décor bleu, rouge, or et émail vert.

36 — Deux petites Bouteilles de forme sphérique à goulot droit allongé en vieux Chine; décoré de fleurs et arabesques en bleu foncé sur fond blanc.

37 — Une Bouteille en vieux Chine ; décorée de trois compartiments à fleurs et branchages en bleu, rouge, or et émaux verts, en réserve sur ond bleu lapis rehaussé d'or.

38 — Deux Bols en ancienne porcelaine de l'Inde. Sujets familiers en émaux et ornements dorés sur fond blanc.

39 — Théière, Sucrier, Bol, Plateau et six Tasses avec Soucoupes en Chine, décorés de papillons et d'une bordure à fleurs.

40 — Crachoir en vieux Chine, décoré de compartiments à fleurs en forme de feuille, réservés sur fond-lapis à rehauts d'or.

41 — Trois Figurines chinoises en terre émaillée.

42 — Petit Bol en vieux Chine, à zône d'ornements d'émail blanc sur ton gris au pourtour, et bordure bleu, rouge et or sur le bord.

43 — Soupière ovale à couvercle et son Plateau en vieux Japon ; décor bleu, rouge et or.

44 — Fontaine en vieux Japon, à fleurs et oiseaux en relief et reposant sur trois figurines debout.

45 — Sucrier à deux anses de la famille verte ; décor représentant des dames jouant de divers instruments.

46 — Deux Bols à bordure et fleurs en bleu, rouge et or, et émaux verts.

47 — Deux Vide-Poches en vieux Chine, surmontés de roches et de troncs d'arbres.

48 — Six Assiettes, du même décor, en Chine.

49 — Deux Compotiers et une Assiette en Japon bleu.

50 — Douze Assiettes plates, de même décor, en vieux Japon, bleu, rouge et or.

51 — Douze Assiettes creuses en Japon bleu de même décor.

52 — Onze Assiettes plates, Japon bleu.

53 — Six Tasses, sans anses, et sept Soucoupes; à fleurs sur fond blanc.

54 — Dix Tasses à anses et leurs Soucoupes en vieux Japon ; décor bleu, rouge et or.

55 — Onze Tasses et leurs Soucoupes, de trois grandeurs, en vieux Chine, l'extérieur couleur chocolat.

56 — Trois autres avec Soucoupes.

57 — Deux Tasses sans anses à couvercles et plateaux, vieux Japon, bleu, rouge et or.

58 — Tasse à couvercle à lobes et un Plateau.

59 — Deux petites Tasses et Soucoupes, à fond rouge

60 — Cinq jolies Tasses sans anses et leurs Soucoupes en vieux Chine, à fleurs et bordures en émaux de diverses nuances.

61 — Théière de décor analogue.

62 — Service à thé en ancienne porcelaine de l'Inde. fond rouge à œils de perdrix et médaillons de fleurs, entourés d'ornements bleu et or.

63 — Tasses, Soucoupes et Plateau en porcelaine de l'Inde et de Saxe.

64 — Vase en ancienne porcelaine de la Chine, fond bleu turquoise gaufré, à décor de personnages dans un paysage violet et jaune.

65 — Deux Magots formant groupe en ancienne porcelaine de la Chine, céladon et bleu.

66 — Pot sans couvercle en ancienne porcelaine de la Chine, fond bleu marbré à fleurs d'aubépine, réservées en blanc.

67 — Boîte carrée en ancienne porcelaine de la Chine, famille verte. 170 — 150 Prell.

68 — Magot couché en ancienne porcelaine de la Chine, les vêtements sont émaillés en noir et décorés de fleurs.

69 — Groupe de deux Magots en ancienne porcelaine de la Chine, famille rose.

70 — Deux petits Plateaux en ancienne porcelaine de la Chine, qualité rare.

71 — Deux petites Potiches en ancienne porcelaine de la Chine, fond vert, à médaillons de personnages de la famille rose.

72 — Deux Chimères debout en ancienne porcelaine de la Chine, émaillée vert et jaune.

73 — Petit Cornet carré à panse renflée, fond bleu, à décor d'arabesques, émaillées blanc et armoiries.

74 — Pitong hexagone, réticulé à jour.

75 — Pitong, fond vermicellé brun, à décor de poissons dans des algues marines.

76 — Deux Chiens émaillés brun à grandes taches blanc et noir.

77 — Grenouille émaillée vert, le dessous du ventre rose.

78 — Deux petits Pots à couvercle, en forme de boule, décorés de jeux d'enfants sur fond blanc.

79 — Deux Vases carrés sur socles en porcelaine ancienne de la Chine; décor de mandarins sur fond blanc.

80 — Pot sans couvercle, fond d'émail bleu à décor d'arabesques blanches, et médaillons fond jaune à dragons roses.

81 — Petit Vase bleu fouetté à décor d'or.

82 — Grand Cornet bleu fouetté à décor d'or.

83 — Deux petits Cornets, fond blanc; décor bleu.

84 — Petit Vase, forme gourde, fond bleu fouetté, à médaillons réservés en blanc et décorés d'oiseaux et fleurs en émaux de la famille verte.

85 — Petite Potiche, fond rose, semé de fleurs, médaillons réservés en blanc et décorés de jeux d'enfants en émaux, de la famille rose.

86 — Petite Bouteille en ancien céladon bleu turquoise.

87 — Petite Bouteille en ancien céladon bleu turquoise.

88 — Deux Théières en ancienne porcelaine de la Chine à décor de chiens de Fô, jouant avec des boules.

89 — Grand Cornet en ancienne porcelaine du Japon, fond bleu; décoré de chrysanthèmes et de médaillons fond blanc décoré de fleurs.

90 — Deux Vases en ancienne porcelaine de la Chine craquelée, fond gris.

91 — Grand Cornet en ancienne porcelaine de la Chine, fond vert, semé de fleurs, et médaillons réservés en blanc et décorés d'oiseaux et de fleurs.

92 — Jardinière ronde, fond jaune, semé de fleurs et à médaillons.

93 — Jardinière carrée, à décor de jeux d'enfants.

94 — Deux Cornets en Chine, à feuillage, émaillés vert sur fond jaune.

95 — Tasse et sa Soucoupe à côtes, en vieux Chine, très-fin décor en rouge, or, et émaux verts.

96 — Tasse et sa Soucoupe en vieux Chine, décorées de sujets familiers en émaux de couleurs; encadrés d'ornements en rouge, noir et or. Belle qualité.

97 — Bol en vieux Chine; décoré d'oiseaux et de branchanges en émaux de couleurs sur partie gaufrée et encadrée de filets bleus d'entrelacs.

98 — Bol à pans en vieux Chine, famille verte, à quatre compartiments: animaux chimériques, vases et ustensiles. Belle qualité.

99 — Assiette de l'Inde aux armes de France.

100 — Deux Chimères en blanc de la Chine.

101 — Deux Sucriers en vieux Japon ; monture en argent doré.

102 — Deux petits Vases à couvercles en terre grise de Boccaro; jolie monture en bronze doré.

103 — Petit Flacon carré en vieux Chine, de la famille verte, à ustensiles chinois.

104 — Deux Soucoupes hexagonales en vieux Chine. Jolie qualité.

PORCELAINES DE SÈVRES, DE MENNECY DE CHANTILLY, ETC.

105 — Jolie Tasse droite et sa Soucoupe en vieux Sèvres, pâte tendre; semis de pois dorés sur fond blanc et large bordure à médaillons et guirlandes de fleurs, en réserve sur un fond bleu quadrillé noir et or.

106 — Cabaret en vieux Sèvres, pâte tendre, à bordure composée d'une dentelure bleue enlacée d'un feston de feuillage doré : Théière, Pot à crème, Flacon à thé, Sucrier, Tasse et Soucoupe.

107 — Deux jolies petites Tasses droites et leurs Soucoupes, en vieux Sèvres, pâte tendre, décorées d'imbrications en bleu et or.

108 — Tasse et sa Soucoupe en vieux Sèvres, pâte tendre; décorées de pensées dans des médaillons en réserve, sur un fond rose, semé de pois blancs, circonscrits par un pontillé bleu.

109 — Tasse et sa Soucoupe en vieux Sèvres, pâte tendre, à côtes carmin bleu et or, alternées de côtes blanches décorées en carmin et or.

110 — Tasse droite et sa Soucoupe en vieux Sèvres, pâte tendre; décorées de corbeilles, guirlandes et arabesques Louis XVI; bordures carminées à filets or.

111 — Tasse et sa Soucoupe en vieux Sèvres, pâte tendre, large bordure composée de compartiments de fleurs, alternés de compartiments à losanges, mi-partie bleu et blanc, et circonscrits de filets dorés.

112 — Petit Sucrier à couvercle en vieux Sèvres, pâte tendre, semis de fleurettes roses, sur fond blanc.

113 — Tasse droite et sa Soucoupe en vieux Sèvres, pâte tendre; fleurs en camaïeu rose sur fond blanc, filets or.

114 — Moutardier en vieux Sèvres, pâte tendre, modèle dit feuille de chou.

115 — Un Pot à eau en Sèvres, pâte tendre, fond jaune à feuillages et compartiments à paysages.

116 — Tasse et sa Soucoupe en vieux Sèvres, pâte tendre; fleurs variées sur fond blanc, filets bleu et or.

117 — Bol à crème, vieux Sèvres, pâte tendre; décor à fleurs, extérieur et intérieur, filet bleu et or.

118 — Tasse droite et sa Soucoupe en vieux Sèvres, pâte tendre, décorées de fleurons bleus sur rubans en hachures dorées.

119 — Plaquette ronde en biscuit: Portrait de Marie-Louise, de profil, peinture en grisaille, encadrée d'une guirlande de feuillages dorés.

120 — Ecuelle à deux anses, avec Couvercle et Plateau en Sèvres, pâte tendre; décoré de médaillons à paysages et figures, en réserve sur un fond bleu semé d'œils-de-perdrix roses.

121 — Deux très-petits Vases, forme Médicis, en ancienne porcelaine tendre de Mennecy; décor à fleurs.

122 — Un Bol et un Plateau en vieux Sèvres, pâte tendre; décor à fleurs, filets bleu et or.

123 — Pot à crème à couvercle, de même décor.

124 — Deux Coquetiers, de même décor.

125 — Huilier en vieux Sèvres, pâte tendre, forme nacelle; décor à fleurs, filets bleu et or; les deux porte-burettes ajourés.

126 — Tasse droite et sa Soucoupe en vieux Sèvres, pâte tendre, à fleurs, filets bleu et or.

127 — Une Tasse et une Soucoupe à cinq lobes, en vieux Sèvres, pâte tendre, à fleurs, filets bleu et or.

128 — Beau Sucrier à couvercle en vieux Sèvres, pâte tendre, décoré de guirlandes de fleurs; au bord une bande bleu clair, recouverte d'un pointillé bleu foncé.

129 — Deux Assiettes en vieux Sèvres, pâte tendre, décorées de fleurs, marli gaufré en vannerie, filets bleus et dorés.

130 — Une Assiette en vieux Sèvres, pâte tendre, décorée d'un semis de roses et d'une guirlande de feuillage en bordure.

131 — Cabaret décoré d'un semis de roses entre deux guirlandes de feuillages, composé de: une Théière, un Sucrier, un Pot à crème, trois Tasses et trois Soucoupes, un petit Pot à crème en vieux Sèvres, pâte tendre, et un petit Pot à crème en pâte dure.

132 — Deux Assiettes en vieux Sèvres, pâte tendre, décorées sur le marli de trois compartiments de fleurs, réservés sur un fond bleu de roi rehaussé d'arabesques dorées.

133 — Salière à deux cavités, en vieux Sèvres, pâte tendre, à fleurs, filets bleu et or.

134 — Petit Pot à couvercle, en vieux Sèvres, pâte tendre, blanc et filets dorés.

135 — Quatre Assiettes en porcelaine tendre de Tournay, à dessins bleus.

136 — Deux Vases, de forme allongée, en porcelaine tendre; décorés de fleurs placées entre des losanges de rubans bleu turquoise et or; monture en bronze doré.

137 — Tasse et Soucoupe en porcelaine, pâte tendre, fond turquoise et médaillons à sujet et à fleurs.

138 — Assiette en pâte tendre, à personnages.

139 — Tasse droite et sa Soucoupe en vieux Sèvres, pâte dure; décor à guirlandes de fleurs sur parties blanches, réservées sur un fond mauve.

140 — Une Tasse, sa Soucoupe et un Pot à crème en ancienne porcelaine dure, bordures à feuillages vert et or.

141 — Vase à deux anses, formées de branchages. en ancienne porcelaine de Vincennes, pâte tendre, fond blanc et fleurettes en relief.

142 — Deux petits Vases, forme Médicis, en ancienne porcelaine de Sèvres, pâte tendre; décor à paysages et figures.

143 — Quatre petits Pots à couvercles en vieux Chantilly à décor de style chinois; montures anciennes en argent gravé.

144 — Pot à crème en Chantilly; décor de style chinois.

145 — Deux Vases, en forme d'urnes, en porcelaine, fond jaune à filets dorés.

146 — Petit Saladier en vieux Sèvres, pâte tendre; décor à fleurs.

147 — Théière en vieux Sèvres, pâte tendre, à fleurs, couvercle en pâte dure.

148 — Tasse et Soucoupe en vieux Sèvres, pâte tendre.

149 — Deux Sucriers ovales à couvercle, en vieux Sèvres, pâte tendre, à fleurs, filets bleu et or.

150 — Deux Plateaux ovales, à fleurs gaufrées et à fleurs peintes, vieux Sèvres, pâte tendre.

151 — Deux Assiettes, vieux Sèvres, pâte tendre, à fleurs et filets bleus.

152 — Une autre Assiette, modèle feuille de chou.

153 — Cabaret en vieux Sèvres, pâte dure, à fleurs et bordures d'ornements dorés, composé de: un Plateau ovale à deux anses, une Théière, un Sucrier et deux Tasses avec leurs Soucoupes.

154 — Une Saucière à deux anses rocaille et un Plateau ovale, en vieux Sèvres, pâte tendre, à fleurs et filets bleus.

155 — Grande Tasse droite et sa Soucoupe en porcelaine, pâte dure; décorée de pensées et de fleurettes disposées en losanges.

156 — Tasse trembleuse; décor à fleurs.

157 — Deux Coupes en Sèvres, montées en bronze.

158 — Soupière en Sèvres, au chiffre de Louis-Philippe.

159 — Un Plat ovale, même porcelaine.

160 — Grand Plat rond, même porcelaine.

161 — Deux autres Plats ronds, moins grands.

PORCELAINES DE SAXE ET AUTRES

162 — Lion et Lionne couchés en regard; deux jolies pièces en ancienne porcelaine de Saxe, placées sur des terrasses en bronze du temps de Louis XVI.

163 — Vieux Saxe. Vase décoré d'un sujet de chasse et de volatiles finement peints, reposant sur une terrasse où est un chien en arrêt devant des perdrix.

164 — Trois Plats ronds à bords dentelés en vieux Saxe, à fleurs, marli gaufré en vannerie.

165 — Vieux Saxe. Guenon et deux petits Singes.

166 — Vieux Saxe. Deux Lièvres.

167 — Vieux Saxe. Joueuse de mandoline.

168 — Vieux Saxe. Arlequin.

169 — Vieux Saxe. Joueur de musette.

170 — Deux jolies petites tasses en vieux Saxe, à fleurs et à bords gaufrés.

171 — Groupe. Vénus sur un char attelé de deux cerfs.

172 — Vieux Saxe. Un Bol en porcelaine gaufrée et décorée de fleurs.

173 — Un Plateau à bords dentelés; décor à fleurs.

174 — Vieux Saxe. Cinq Assiettes en porcelaine gaufrée; décor à fleurs.

175 — Sucrier à couvercle à godrons; décor à fleurs.

176 — Soupière à quatre pieds droits cannelés et à anses, têtes de béliers, en porcelaine de Joseph Hanong, décorée de fleurs, avec Plateau semblable.

177 — Tasse et sa Soucoupe en Saxe Marcolini, décorées de fruits, bordure à ruban en spirale et bande bleue au bord.

178 — Cafetière en Wedgwood.

179 — Beurrier en porcelaine d'Allemagne et trois Soucoupes variées.

FAIENCES

180 — Saucière ovale à deux anses, en vieux Delft doré et décoré d'oiseaux et d'ornements en bleu et rouge.

181 — Porte-Huilier en vieux Delft doré; décor bleu et rouge.

182 — Assiette en vieux Rouen; décor polychrôme à la corne.

183 — Belle Assiette en vieux Delft doré et bleu et rouge, à figures chinoises, oiseaux et fleurs.

184 — Deux petites Potiches à pans, en faïence de Delft, à ornements bleus et rehauts d'or.

185 — Bouteille, forme gourde, en faïence de Delft, à ornements bleus.

186 — Garniture de cinq petits Vases en faïence, à ornements en bleu, rouge, vert et or.

187 — Plat rond en faïence de Moustiers; décor à fleurs ocre rouge.

188 — Plat rond en Moustiers, à fleurs et bordure en bleu.

189 — Petit Plat rond en Moustiers; décor polychrôme à fleurs.

190 — Porte-Bouquet en faïence de Rouen.

191 — Six Assiettes de même décor, en faïence de Delft, à ornements en bleu.

192 — Un Vase ovoïde en Delft; décor genre Rouen, et une Assiette en même faïence de décor analogue.

193 — Un Pichet en Rouen; décor polychrome à la corne.

194 — Un Pichet en Rouen, à dessins bleus.

195 — Un Bourdaloue en Rouen; décor genre Nevers.

196 — Ecuelle à couvercle et Plateau à la corne, en Rouen.

197 — Couvercle de Soupière en Moustiers.

198 — Vase-Cassolette à deux anses, à col de cygne, en terre blanche de Lunéville.

199 — Jolie pièce de Surtout en ancienne faïence du Midi, décorée de fleurs peintes et de fleurs en relief.

200 — Deux grands Vases en ancienne faïence de Lorraine, fond marbré, et mascarons en relief.

201 — Petit Pichet en ancienne faïence de Delft dorée; décor polychrôme à fleurs, sur fond bleu. Belle qualité.

202 — Huilier en vieux Rouen; décor polychrôme, à kiosques chinois, fleurs et quadrillés.

203 — Deux Bouteilles, forme gourde, en vieux Delft; décor bleu à figures d'amours au milieu de fleurs, et à plusieurs rangs de lambrequins.

204 — Plat en vieux Delft; décor polychrôme.

205 — Garniture de cinq Pièces, en ancienne faïence de Delft, couvertes de fleurs et arabesques en bleu sur blanc.

206 — Deux Potiches en ancienne faïence de Delft, décorées en bleu, de compositions de style chinois, à nombreux personnages, et de larges bordures à fleurs et ornements variés.

207 — Aiguière en Delft.

208 — Potiche en Delft; décor à fleurs et lambrequin en bleu, rouge et or.

OBJETS D'ART VARIÉS, MINIATURES CURIOSITÉS, MEUBLES

209 — Tête de Vénus, en marbre blanc, d'un beau travail du XVIe siècle, rapportée sur une chlamyde sculptée au XVIIIe siècle, par Le Moyne.

210 — Grand Cabinet Louis XIII, à porte et tiroirs plaqués d'écaille et incrustés de filets d'ivoire; moulures en bois guilloché; ce meuble repose sur une console à pieds tournés et traverses d'entre-jambes.

211 — Beau Meuble à hauteur d'appui en ébène incrusté de cuivre et de plaquettes en marbre, et richement garni de bronzes ciselés et dorés; au centre est une porte ornée de griffes de lion et surmontée d'un médaillon, portrait de Louis XIV; à droite et à gauche, cinq tiroirs; l'entablement est soutenu par quatre statuettes des Saisons, en bronze argenté; style Louis XIV.

212 — Jolie Commode en bois de citronnier et marqueterie à fleurs, garnie de cuivres ciselés et dorés; style Louis XVI; dessus en marbre brèche.

213 — Meuble-Vitrine, de style Louis XIV, bois de diverses nuances, et garnie de cuivres.

214 — Autre Vitrine de même style.

215 — Petite Table-Bureau de style Louis XVI, ornée de marqueterie.

216 — Grande Glace à fronton, cadre sculpté et doré, époque Louis XIV.

217 — Pendule Louis XV, en bronze doré, entourée de grappes de raisin.

218 — Deux Appliques en bronze doré, Empire.

219 — Gobelet en argent, époque Louis XIV.

220 — Grande Parure composée de camées-coquille, montés en cuivre doré.

221 — Vase en porphyre de Suède, à couvercle surmonté d'un anneau en bronze.

222 — Un Panier en ivoire.

223 — Deux Statuettes en bois sculpté, époque Louis XIII.

224 — Trois Têtes d'anges, bois sculpté, même époque.

225 — Petit Lustre hollandais.

226 — Cadre en bois sculpté, Louis XIV.

227 — Cadre en bois sculpté.

228 — Un Poignard oriental.

229 — Un Tapis oriental.

230 — Beau Miroir à encadrement rocaille, en bronze ciselé et doré.

231 — Deux petits Flambeaux à deux lumières, en bronze rocaille.

232 — Deux Appliques à trois branches, en bronze, modèle Louis XIV.

233 — Deux jolies Consoles d'encoignure Louis XVI, en bois sculpté, peint en blanc et doré; dessus en marbre brèche.

234 — Grande Miniature du XVIIIe siècle, représentant Diane au bain, entourée d'un grand nombre de Nymphes.

235 — Autre Miniature du XVIIe siècle, belle composition dans un paysage, représentant Jésus prêchant.

236 — Miniature (Portrait de la reine Marie-Antoinette).

237 — Belle Miniature italienne (Portrait de Cavour).

238 — Six autres Miniatures. Seront divisées.

239 — Quatre anciens Eventails. Seront divisés.

240 — Une ancienne Coupe en émail de Limoges.

241 — Une Montre émaillée sur or.

242 — Deux anciennes Montres en argent.

243 — Une Tabatière du temps de Louis XV, laquée sur cuivre, incrustée d'or et de nacre.

244 — Un petit Bas-Relief en marbre (Baigneuses).

245 — Deux Médaillons en pierre de Munich (Portraits).

246 — Une jolie Broche en corail, montée en or fin (Tête de Méduse). Travail italien.

247 — Joli petit Bas-Relief, en bois sculpté, à double face: d'un côté, Vierge et Enfant; de l'autre, un Saint Evêque, le tout entouré d'ornements également sculptés en relief. Travail très-fin.

248 — Divers autres Objets non catalogués.

249 — Douze Miniatures, portraits, sous ce numéro.

250 — Cinq Boîtes, Bois, Ivoires, Agates.

251 — Sept Couteaux et Fourchettes, manches argent.

252 — Un lot de Cadres de miniatures.

253 — Agate gravée en intaille, la Justice, et montée en broche.

254 — Petit Cabinet en ébène.

255 — Deux Médaillons et une Broche onyx montés en or.

256 — Quarante petits Objets de vitrine: Épingles, Bagues, Montres, Agrafes, Croix et Chapelet, seront vendus sous ce numéro.

257 — Un lot d'anciennes Monnaies.

258 — Deux Pipes en bois sculpté.

259 — Deux Pots à crème en vieux Sèvres, pâte tendre, à fleurs et parties ornées de losanges bleus à filets dorés.

260 — Un Flacon à odeur en Saxe.

261 — Petit Pichet en grès flamand émaillé

Ves Renou, Maulde et Cock, imprs de la Compagnie des Commissaires-Priseurs, rue de Rivoli, 144. 5441

~~1084~~
~~162.60~~
~~2.40~~
~~102.12~~
~~165.10~~
~~67.10~~
~~20.40~~

N°	
	6.50
	1.70
2	440
67	2480
142	250
162	200
163	400
165	4590
166	229.50
	4819.50